ゆうれいたちが
やってきた

はじめに

この物語は 2012 年 9 月、ある台風明けの日、自転車に乗っている
ウタマロに異次元から数分で語られてきたストーリーです。

聞き取った内容をボイスメモに残し、ほぼそのままの形を原稿にして
おります。

その後、画家まーぼナス君と彼の妻の協力を得て、半年かけて原画を
作成し完成は 2013 年の春でした。
この作品は 2012 年と 2013 年をまたぐようにして仕上げられた
ものなのです。

＊

2014 年に出版の可能性が出たものの、諸事情ありウタマロから辞退。
お蔵入りになりました。

2016 年、夏。マヤンダイアリー制作をサポートしていたウタマロに、
「子どもでもわかる銀河の音の物語」は書けないだろうか？との打診が
来ました。

数日後、当作品が１３章の文面と１３枚の絵で構成されていたことに
気づき、内容も照合できたため、銀河の音タイアップ作品として発信する
宇宙仕事だったことが判明したのです。

もちろんマヤ暦を全くご存知でない方にも楽しんで頂けます。

＊

第一部は子ども心で物語を読む感覚。
第二部は物語を読み解き、さらに深く感じとって頂くため、
今までの書籍にはないスタイルで発展・完成しております。

ようこそ、泉ウタマロワールドへ。

第一部

物語：泉ウタマロ
絵　：まーぼナス

ぼくちゃんの名は尚太郎。
得意なことは何もない、けだるい疲れた小学生。

いつもきまって朝寝坊。
時間なくてもトイレはのんびり。

かけっこすればいつもびり。

テストなんかもおんなじだ。
友達と、しゃべりも苦手な三年生。

ママ、ばあちゃんも、妹のことはほめるけど、
ぼくちゃんほめられたことがない。

ほめるところがないからさ。

一つだけ、特技があるとするならば、それはゆうれい見える事。

明るい昼間もよく見える。
でも、ばあちゃんに話したら、

「気味の悪い子だね！うそつくんじゃないよ！」
・・・って怒られた。

ぼくちゃんうそつきなんかじゃない。

でも誰も信じやしないから、いつもないしょにしているよ。

ある日テレビを見ていると、
昔飼ってた金魚のゆうれい、しっぽをフリフリやってきた。

「あの〜いつまでそうやってダラダラなさっておられるのですか？」
金魚は言った。

「ダラダラって？」ぼくちゃんはきいた。

「何かみんなをアッと言わせることをなさってみたら？」
金魚は言う。

「アッと言わせること？ぼくちゃんそんな才能ないよ。
今もこれからもずっとそうだよ」
ぼくちゃんは言った。

「それは困りましたねェ・・・」
金魚のゆうれいだんだん透明になり消えてった。

次の朝、ぼくちゃんがトイレにぼんやり座っていると、
窓の外から猫がのぞいた。

また出たな、おととし死んだ、
裏のおうちの猫のゆうれい。

「あ、またうんこしてる」
猫のメーオが言った。

「悪い？」
ぼくちゃんすまして答えたよ。

「うんこもいいけど、何か楽しいことしなよ」
メーオが言った。

「楽しいこと？そんなのないよ。
まいんち学校とうちを行ったり来たり・・・それだけさ」
ぼくちゃんは答えた。

「ふん！いくじなし」
なまいき猫は消えてった。

ぼくちゃん正直ムッとした。

だけれどすぐに忘れたよ。
深い悩みは人生を、明るくするとは限らないって、
パパがいつも言ってるもん。

嫌いな夏がやってきた。
ぼくちゃんプールは大嫌い。
今日はおなかがいたいふりして、プールはずるっこ休みだよ。

エアコンの、効いたお部屋のベッドはらくちん。

ところがだ・・・。
ロボットゆうれい、ふとんの上を行進してきた。

ぼくちゃんが小さい頃に、いっぱい遊んだロボットだけど、
「もういいかげん古いわね」って
ママがゴミに出しちゃった。

ぼくちゃん悲しかったんだ。
あのロボットは、ずっと友達だったんだ。
でも、だまってがまんした。ママのガミガミめんどうだから。

*

「ケイレイ！ゴブサタシテオリマス！
　ゴキゲンヨロシイヨウデ　ナニヨリデス！」

ロボットは言った。

「今日はけびょうだよ」
ぼくちゃんは言った。

「ケビョウトハ！ワレハカナシイデゴザイマス！」
ロボットは泣き真似をした。

「今日は何の用？」
めんどうくさかったけど、ぼくちゃんはきいた。

「ハイ！ゴシュジンサマニ、オシラセアリマシテ、
　モウシツカッテマイリマシタ」

「お知らせ？」

「ハイ。キタルナツヤスミアケノ、ネンドサクヒンテンデ、
　ゴシュジンサマハ　イットウショウヲ　オトリニナル　トノコトデス」

ロボットはうれしそうに言った。

「おとりになるってなんのこと？」

「ゴシュジンサマガ　ゲイジュツテキサイノウヲハッキサレ、
　トクベツシンサインショウヲ　ジュヨサレマス」

「なんだかわからないけど、
　めんどうだからもう帰ってよ。ぼくちゃんねむい」

「ゴシュジンサマ、ドウカ　ホンキデ　オヤリクダサイ。
　ゴシュジンサマノ　ショウライニ、
　タイヘンジュウヨウナ　キョクメンニ　チョクメンシテオリマス」

「きょくめんにちょくめん？なにそれ」
「ドナタデモ　ウマレモッタ　サイノウトイウモノガ　ゴザイマス」
ロボットしつこく真剣だ。

ぼくちゃんは、だるいしうっとうしくなった。
そんな時こそ、ふとんをかぶって寝たふり寝たふり。

ところが次の日、キョーレツなのがやって来た。
ぼくちゃん苦手なじいちゃんゆうれい。

ぼくちゃんが、せっかくおやつを食べているのに、
うるさい声で怒鳴るんだ。

「こら、 尚太郎！おまえいつまでさぼっておるつもりじゃ。
そんなんじゃ、一人前の大人になれんぞ！」

「じいちゃん。怒鳴らなくても聞こえてるよ。今、忙しいの。後にして」
ぼくちゃん心の中で返事した。

「今日と言う今日はごまかせんぞ、尚太郎。
努力ってものをしない人間はな・・・」

「努力したら何かいいことあるの？」
ぼくちゃんはきいた。

「う～ん・・・生意気な奴。
お前が本気で努力したら一つだけ願いを聞いてやってもいいぞ」

じいちゃんはうめくように言った。

「ぼくちゃんね、生きているのめんどうなの。
　生まれる前にいた世界に帰りたいの」

「なんだとお前！？」

「もう約束したからね。じいちゃん、
　男は一度言ったら実行するって言ったじゃん。
　パパもママも疲れた、疲れた・・・っていつも言ってるよ。
　ぼくちゃん大人になんか、なりたくないんだ」

「しかし・・・そのような・・・」
じいちゃんゆうれい困ってる。

「もう決まりだよ。じいちゃん約束守ってね。
　ぼくちゃんのこと連れて帰る事くらいかんたんでしょ」

「よぉし！それならお前、粘土作品展で一等取ってみろ！
　それ以外、わしゃは認めん！」

「わかったよ！じいちゃん」

そんなこんなで粘土と格闘するはめに。

ぼくちゃんは夏休み中真剣に、ナマズのことだけ考えていた。
なぜならそれが、僕ちゃん決めた題材だからだ。

選んだ理由？
ナマズって、ぼくちゃんなんだか似ているからさ。

・・・でも、作品を作ってゆくのは大変だった。

ぼくちゃん何度も何度もやり直し、いくつも粘土をだめにした。
おこづかい、はたいて粘土を買ってきた。

「がんばれ！がんばれ！なーおー君！」
去年飼ってたカブトムシならんで応援してくれる。

図書館で、本をたくさん借りてきて、
ナマズの写真をいくつも見たよ。

「ゴシュジンサマ、ユーチューブニ　ドウガゴザイマス　ゼヒゴランクダサイ」
ロボットゆうれい教えてくれた。

「お、変な顔・・・。
もっとぶさいくに作らないと、ナマズにみえねぇぜ」

猫のメーオは匂いをかいだ。

でも、ひげが難しい・・・。
何度やってもだめなんだ。
ぼくちゃんあきらめかけた時、

「ひげは針金で作ったら？」
メーオがアイディアささやいた。

パパの休みの日曜日、必死に頼んで、水族館にも行ってみた。
生のナマズの観察だ。

夏休み、とうとう終わりが近づいた。
ぼくちゃんは徹夜でナマズに色つけしたよ。

５年前、死んだコロッケ屋さんのおばちゃんゆうれい、
差し入れ持って現れた。

「なおちゃん、コロッケ食べて、がんばりな！」

・・・こうしてナマズ作品仕上がってきた。

努力したのは生まれてはじめて。疲れたな。
でも、一等賞なら望みが叶う。

夏休みの最終日。ナマズにニス塗り、ツヤツヤだ。
これで完成、完璧だ！

ぼくちゃん死ぬ気でがんばった。
がんばり、がんばり、がんばりぬいた。
パパ、ママ、ばあちゃん驚いたけど、一番びっくり僕自身。

9月になった。町の大きな建物で、小学生の作品展示。

昆虫、怪獣、いろんな作品。
上手、へんてこ、おもしろい。

みんなのがんばり陳列だ。

ナマズの人気どうだろう？
ぼくちゃんなんだかソワソワしちゃう。

生徒、先生、専門家。街のみんなも投票するんだ。
審査結果は1週間後。

ぼくちゃんドキドキして待った。
こんなドキドキ初めてだ！

そして、とうとうその日になった。

ぼくちゃんは、家族みんなで出かけたよ。
大人も子どもも、たくさんたくさん。

どれが一等だろう？
みんなワクワク待っている。

審査員のおじさんが、三位の名前読み上げて、
白いかけものパッパッとめくった。

知らない誰かの作品だった。

ぼくちゃんちょっと緊張してきた。
胃のあたりムカムカなんだか気分が悪い。

続いて二位の発表だ。
ジァ〜ン！

ぼくちゃんの同じ学校六年生。
大きなひまわり作品だ。

受賞した人、台に乗る。
ぼくちゃんめまいがしてきたよ。

そして・・・いよいよ一等賞の発表だ。

「街のみんなの投票と、審査員特別賞は、同じ作品となりました」
・・・と、説明入る。

一等の、名前が読み上げられた時、
ぼくちゃん聞こえなかったんだ。

だけどね、布がめくられた時、
そこにあったは、あの

「ナマズ！！」

みんなそろって拍手したけど、頭が真っ白どうしよう。

パパが、ぼくちゃんの肩をポン！と叩いた。
そして前へ押し出した。

ぼくちゃん宙を舞うようにして一等賞の台へ登った。

そこからは、商店街のおじさんや、先生、生徒、近所のおばちゃん、
ぼくの家族もよく見えた。
パパ、ママ、ばあちゃん、妹だ。

そして・・・ゆうれいたちの大騒ぎ。
ゆうれいじいちゃん、くすだま割って泣いている。

割れんばかりの拍手がひびく。
みんなとびきりの笑顔だよ。

だれかが大きく「よくやった！」って叫んでた。

ぼくちゃん暑くなってきた。
心臓ゴンゴン、汗だくだ。

審査員長、金のメダルをかけてくれたし、
表彰状もくれたんだ。
それからね、握手しながらこう言った。

「君の才能はすばらしい。
ぜひ、これからも発揮してくれたまえ！」

地元新聞フラッシュたいて、写真をいっぱい、いっぱい撮った。

その帰り道。
家族みんなで歩いていると、じいちゃんゆうれいささやいた。

「どうするかね？尚太郎。天国に帰るかね？」
ぼくちゃん少し考えた。

「もうちょっとここでがんばってみるよ」

じいちゃんゆうれい笑ったよ。
そして夕日の空に消えてった。

オレンジ色のお日様が、遠くの山に沈むところだ。

お空全部が、ピンク、紫、黄色になった。

涼しい風が吹き抜けた。

「あしたもいい天気？」
妹がきいた。

「もちろんさ！」
ぼくちゃんがこたえた。

第二部

文・作画：泉ウタマロ

序文

"銀河の音"として読み解く、【ゆうれいたちがやってきた】

マヤ暦をベースにした１３の月の暦には、"銀河の音"という段階があります。
これは物事の創始〜変容〜完成〜次の次元へ移動する宇宙的ステップを顕しており、
銀河の音１〜１３という段階です。

魂存在である人間が地上で人生を送る時、
さらには惑星も銀河も、このエネルギーに影響を受け変容します。

【ゆうれいたちがやってきた】は、
ストーリーの中で地上における"銀河の音"を表しています。

第２部では皆様とご一緒に、それを読み解いて行きましょう。

*

人生は進行し、星は運行します。
星々は発光し、銀河は煌きを帯びてゆきます。
やがて銀河は渦を作り、宇宙は壮大な円舞を踊るのです。

*

第1章（P4〜5）

冒頭で少年は自分について語っています。
「得意なことは何もない、けだるい疲れた小学生」

彼は外の世界にあまり関心を持っていません。

地上に生まれ出ているものの、
人生はまだ始まっていない段階です。

けれど魂は少年の中で活動し始めているのでした。

*

少年には少し変わった特技：常にゆうれいが見える、という能力がありますが、
この物語における"ゆうれいたち"とは、異次元からの使者であり、サポーターの役割です。

少年の魂は"ゆうれいたち"というサポートを引きつけ、地上に生まれる前に決めて来た進路に彼の意識を
向けようとするのです。

魂はゆうれいというサポーターと力を一つにして、少年の目覚めを促します。

1章は物事の創始のステップです。
たとえ本人が気づいていなくとも、魂は必要なものをスタンバイするため、磁石のような力を発揮してくる。

私たちは地上に生まれ降りる時、魂存在としての記憶をあえて失います。
膨大な記憶をリセットし、新しい冒険をまっさらな気持ちで体験しようとするのです。

これは物語の始まりなのです。

私は、

この世界に初めて来た。

ここはとても美しく、とても切ない。

けれども私はここで過ごした。

瞳は惹きつけられ、
もう二度と離れたくないほど、

この世界を愛していた。

たくさんの想い、たくさんの愛、

たくさんの言葉を超えた言葉。

私の可能性を体験しよう。

私の美しさを体験しよう。

この瞳でこの腕でそれを体感しよう。

その歓びを抱きしめよう。

第 2 章（P6 〜 7）

少年のところに金魚のゆうれいがやってきます。

「何かみんなをアッと言わせることをなさってみたら？」

それが魂レベルから少年に提案された"挑戦"でした。

＊

それでも彼はすぐに却下します。

「ぼくちゃんそんな才能ないよ。今もこれからもずっとそうだよ」

少年は自分自身に価値を感じていません。
積極的に行動を起こす意味を探ろうともしないのです。

けれど少年がどれだけ断っても、これは異次元からのアクションでした。

＊

私たちが自分自身の可能性に気づいていなくても、魂レベルはそれを知っていて、
本人に感づいてもらえるよう、物質レベルでなんらかの事象を起こします。

大した出来事とは思えないその奥に、人生にとって大切な伏線が仕込まれていることがあります。
頭脳と理性は何につながるのか予想ができず、それを断ってしまいがちです。
けれど魂レベルは諦めません。

異次元からのノックの音はだんだんと大きくなり、私たちの所にやって来ます。

気高い　尊厳たる私。

湖に映っている月と消えてしまう影、

たくさんの影はバラバラになりながら
またもとに戻る。

これ以上の世界があるだろうか、

自分が散り散りになっても、

私たちはその世界を体験したいと、
ただひたすらに願う。

佇んで辛さを感じる時、

悲しみと引き裂かれる想いが
あるかもしれない。

けれど私はそれを選び、

私は"私たち"になり、
私たちはさらに個々となった。

それは必要不可欠なことだったから。

第3章（P8〜9）

次は猫のゆうれいがやってきます。
そのゆうれいも少年をけしかけます。

彼は相手にしませんが、ゆうれいたちの間では、
少年に行動を起こさせるプランが活性化しています。

本人自身が自覚せずとも、魂レベルでは未来へのつながり
を想定し、必要なアクションが起こされてくるのでした。

＊

私たちも今までやったことのない物を創ろうと思いついた時、方法を模索します。
必要な材料と手順の組み合わせが関係します。
全部の行程が見えていなくとも、とりあえずできることの行動を起こした時、
あらたなる閃きが起こります。そしてまた行動を進めた時、あらたなる閃きが起こります。

このように最初の段階では予測不可能だったことが、その道のりで発見され最終的に当初の
イメージより素晴らしい完成に仕上がることさえあるのです。
つまり、頭脳には必要データはなかったのです。
いったいどこからくるのでしょう？

スマホやパソコンがわかりやすい例えです。
私たちは機器を使用し、ありとあらゆる調べ物や連絡をします。
でもその情報は最初からデータとして内部に入っていたわけではありません。

当たり前ですがインターネットを介して必要情報を降ろしているのです。

これと同じことが私たちと異次元のつながりです。私たちが意図し、行動に出てアクセスし、
試行錯誤していると最適な情報が閃きとしてやってきます。
情報を持った人が向こうから現れたりすることすらあります。

頭脳には経験した過去データしか蓄積されていません。まるで思い出のアルバムです。
未知を創造するには、異次元からの情報：閃きが必須であり、
その機能が私たちには備わっているのです。
私たちは宇宙という壮大なコズミック・インターネットとつながっており、
そこから情報を得られる存在なのです。

経験という名　その向こうに、

私たちの運命は弄ばれるように
広がる。

きらめいている
たくさんの出会いと別れが
繰り返し、

世界の果てにまで
歓びと体験が拡がった。

光の粒となった私たちの
きらめきの広がり。

砂漠に落ちた
星屑のように
どんな果てまでも満ちてゆく。

進んでゆく強さ、決意、電光の貫き、
変換された詩、超えてゆく全て。

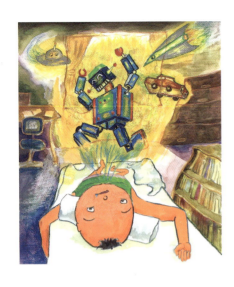

第 4 章（P10 〜 13）

今度はロボットのゆうれいがやってきます。
少年を触発するだけでなく、
具体的なテーマを持ってやってきます。

「キタルナツヤスミアケノ　ネンドサクヒンテンデ
　ゴシュジンサマハ　イットウショウヲ
　オトリニナル　トノコトデス」

魂レベルは予言的なテーマを少年に提示しました。もちろん彼は相手にしません。
けれどロボットゆうれいはめげずに言います。
「ドナタデモ　ウマレモッタ　サイノウトイウモノガ　ゴザイマス」

"生まれ持った才能"
これは内容のいかんに関わらず、その魂の独自性であり、個性です。

＊

たとえ私たちが無意識でも、魂レベルは自らの個性という形を明らかにしたいと願っています。

そしてそれが物質世界で表現されるよう、いろんな手段でアプローチして来ます。
予想外のありえない出来事に遭遇した時、頭脳は「これはただの偶然だ」と判断します。

けれども頭脳が想定できる範囲外で完璧な準備がなされ、
偶然の連鎖によって未知の体験をしてゆける存在。それが人間存在の特質です。

私たちは何かをやってみたいパッションや閃きとして受け取る場合もあれば、
「やらざるを得ない」状況に導かれる場合もあります。

その上、私たちが「本当は望まないこと」をやり続けると、
辞めざるを得ない事態に完了させられることもあります。

魂レベルからの意図と、目に見えない用意周到なスタンバイ。
私たちは強力なエネルギーに先導され、協力を得られる存在なのです。

美しい子どもたち
その姿の完璧さ。

ああ、
なんと地上の言葉では表現しがたい、
その瞳の素晴らしさ。

存在の全てをそこに現して、
幾多の輝きは
　多彩な表現に乗っている。

その才能を顕すたくさんの声
飛翔的な美しさが存在している。

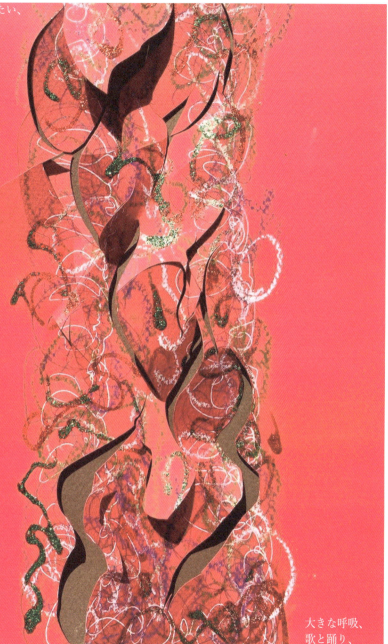

大きな呼吸、
歌と踊り、

聖なる子供達のきらめきのダンス。

あなたの素晴らしさを待っている。

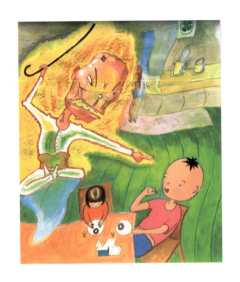

第 5 章（P14 〜 17）

この段階において魂レベルは強烈な使者を送ります。
それは少年にとって最も苦手なじいちゃんゆうれい。

じいちゃんは激しく彼をプッシュします。

そして、とうとう少年に約束を取り付けるところまで迫って来ました。

「お前が本気で努力したら、一つだけ願いを聞いてやってもいいぞ」

じいちゃんゆうれいは少年が現実的な行動に移ることを促します。
この段階で、大きく物語が動き始めます。

＊

私たちは言葉を発した時、聞いているのは目の前の人、
あるいは SNS の投稿を見た人だけだと思っています。

けれども真実は違います。
私たちの発言に一番敏感なのは「宇宙」です。

宇宙はその言葉が真実であることを証明しようと動きます。
例えばあなたが「うちの娘は本当にどうしようもないバカで…」と繰り返し言ったとしましょう。
宇宙はそれを具現化しようと目の前の世界を準備します。

反対に「うちの娘はこう見えても素晴らしい才能をもっていて…」と繰り返し言ったとしましょう。
宇宙は具現化に奔走します。

私たちの表現、特に言葉は宇宙全体に力を与え、結果的に物質次元を指揮して行きます。

その階段の上をゆくのだ。
次元の果てを自由に超える。

遊ぶように響け、歌うように響け。
その幸福を感じよ。

そうやって高らかに歌ってほしい。
声はどこまでも届くだろう。

その声がかすれ、
たとえ切れ切れになっていても、
どこまでも届く。

まるで美しいほら貝を吹くような、
その声を聴きたがっている
宇宙の果ての者たちへ、届けてほしい。

地上で聞いている者が
全てではないのだから。

翼よ、もっと羽ばたいてゆけ。
その声よ、もっと響いてゆけ。

ああ、その生き生きとした美しさよ！

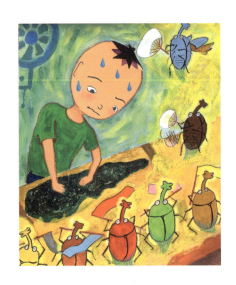

第 6 章（P18 〜 21）

この段階において、少年は初めての行動に挑みます。

少年は実際に粘土を買ってきます。

そしてイメージを創るために本を借りたり、
写真を見たり、初めて人生に対して能動的に動きます。

ゆうれいたちは各自にできる方法で彼を応援しています。

＊

私たちは自分一人だけの創造行程から、仲間を得る段階があります。

どんなに小さな物事でも、プロジェクトはメンバー各自の持ち味を必要としています。
それはまるでたくさんの色彩です。

もしあなたのパレットに赤い絵の具しかなかったら、当然ながら絵は単色です。
けれど青・黄・黒・白もあったなら、描ける絵の可能性は拡がります。

どの色も平等に存在価値を秘めています。
赤が青より貴重ということはなく、黒が白より劣っているということもありません。

私たちは互いの個性を讃え合うことで色彩バランスをつり合わせることが可能なのです。

プロジェクトによる創造は皆で大きな絵を描くようなもの。
私たちは混じり合いながらベストな状態を模索できます。

そして混じることで気づくことがあります。
それは自分が「赤」という色彩個性を持っていた、ということです。

私たちは様々な色に囲まれることで、自らの美しさを感じ取ることができる存在なのです。

ダンスを踊る舞台に来た時、
遠慮していてはいけない。

たとえそれが
軽やかなステップでなくとも、
愛らしいくるぶしには変わらない

たとえどんなに木枯らしが吹いても、
その中の音楽を聞いて。

吹雪があなたを
美しいダンサーにする。

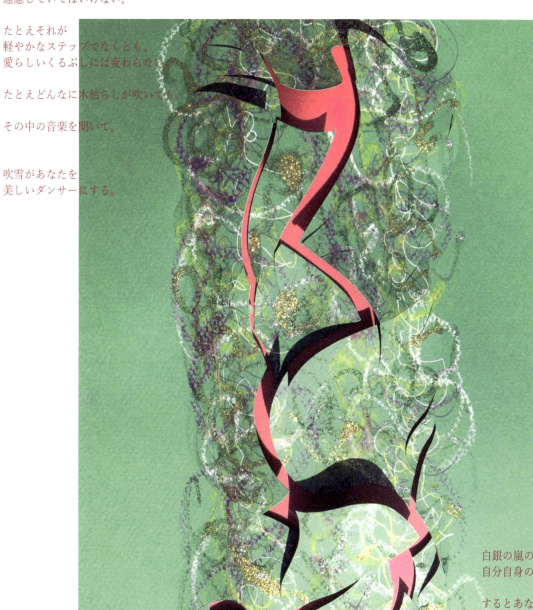

白銀の嵐の中で
自分自身のリズムを知ろう。

するとあなたは
弾むような魂のテンポを感じる。

メロディーの曲調、

心踊る体験、

心の高鳴り。

第 7 章（P22 〜 23）

ここで少年はとうとうナマズを完成させます。

自分で発想し、ビジョンイメージし、材料を用意し、
自らの手を使って初めて創り上げた作品。

この行程を通じて少年は創造の具現化を体感します。
作品が完成したことはもちろん喜びです。

けれどそれ以上のものを彼は受け取っていたのでした。

それは達成した自分自身への驚きです。
「こんな自分がいたのだ！」と。ぐうたらなぼくちゃんが「死ぬ気でがんばれた」のだと。

＊

私たちは頭脳が認知していなかった自らの力を、想定外経験した時、大きな感動の衝撃を覚えます。
それは子どもも大人も同じです。

なぜそんなにも強烈に響くのでしょうか？

それは魂そのものが"歓び"を感じているからです。魂は自らの可能性を知っています。
けれどそれを物質次元で体験したいからこそ、この地上に降りました。

真実の自分を体現した時、魂は歓喜に震え、頭脳と理性も呼び起こされてその事実を認めます。
頭脳が認識すれば、それは自分自身に実行可能な事例として記憶庫に保管されます。

まるで飛べるハードルの高さが上がるように、私たちの可能性は拡大します。
それを助けているのが魂レベルからのサポートなのです。

私たちは自らのチャレンジと異次元からの共振援助により、
未踏の領域を凌駕してゆける存在なのです。

美しさに震えるあなたたち、
忘れないで。

内側から奏でられている
音があることを

忘れないで。

震えるハートの繊細な振動。
それを世界と宇宙に発信するのだ。

なんという多彩な可能性、

微細で繊細できめ細やかな波。

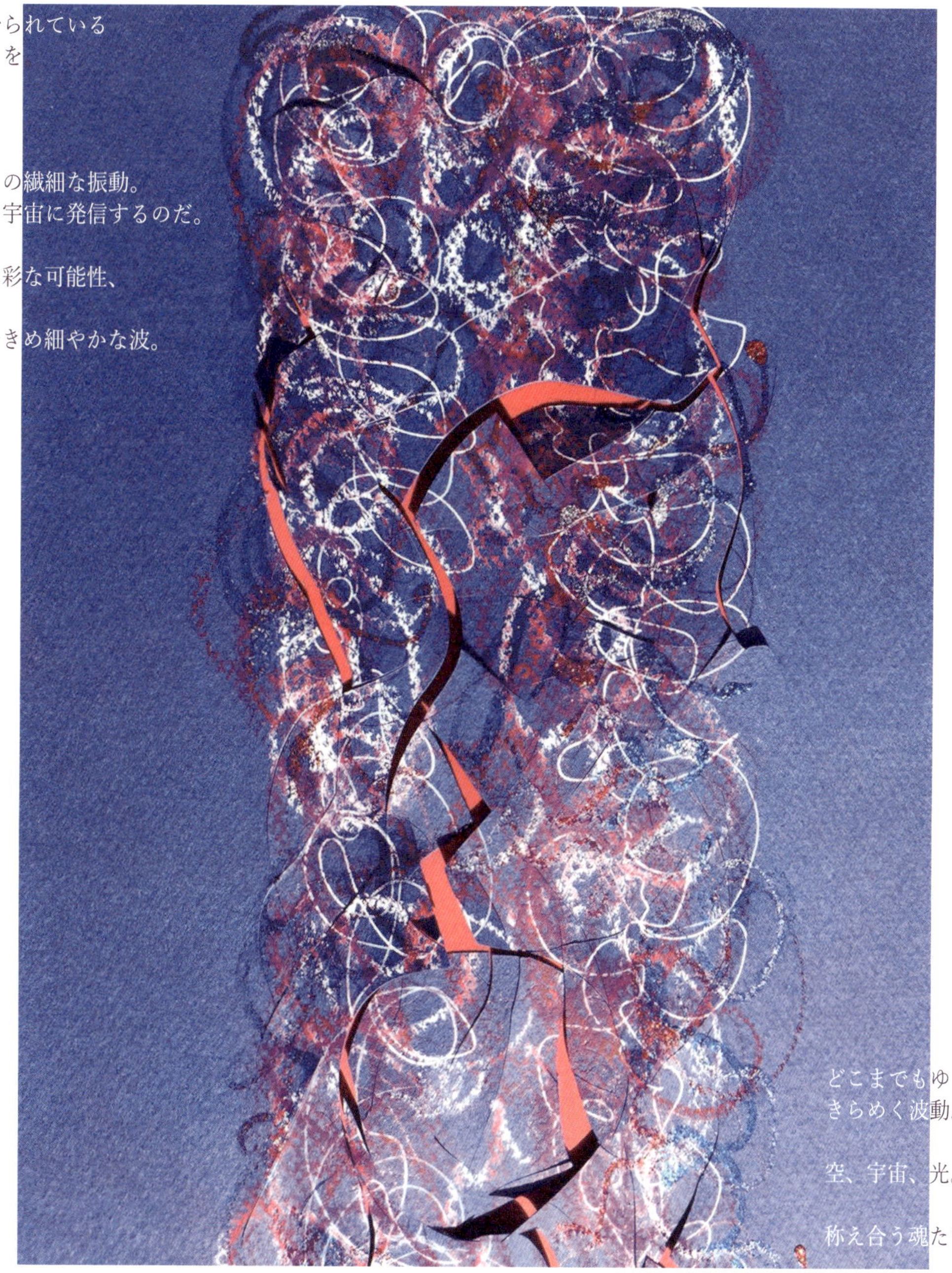

どこまでもゆく、
きらめく波動。

空、宇宙、光。

称え合う魂たち。

拡大するレゾナンス。

異次元力を引きつけ、
共振してゆくハートの振動。

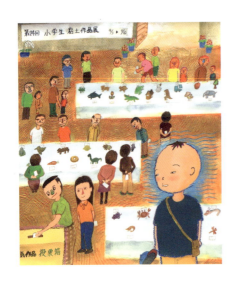

第8章（P24〜25）

この章で少年は初めて自分の表現を
公の場に提示することになります。

ナマズをつくる行程は彼にとって個人的な領域でした。
創作の現場は努力のいる時空ではありましたが、
人の目にさらされることはありません。

でも8番目の段階では自分自身がかたどった作品を、
見ず知らずの人の前で、
他の生徒の作品と共に並べなくてはなりません。
大げさではなく、彼の精神は世界へ一歩踏み出したのです。

しかもこれはコンクールスタイルでした。
他人の評価という視線を浴びるのです。

彼にとって新たな場への登場と、心のハードルを越えてゆくステージでした。
すると少年の中に今まで感じたことのない感情が沸き起こります。

緊張感・恥ずかしさ・負けじ魂・不安感・自尊心・心の高鳴り・期待感。
様々な揺れ動く想い・・・。
少年は言います。「こんなドキドキ初めてだ！」

私たちの住む物質界的価値観は、賞の有無、さらにはいくら稼げるのか？が重要だとされてきました。

究極の価値は「名誉＆巨万の富」という時代だったのです。でもその時空は終わりました。
物質レベルの欲望は乾いた砂に水を撒くように、満たされることはありません。

けれど少年のように自らの内側を探求する時…。
そこでの経験は、旅の途中で透き通った泉に出会ったような特別なギフトとして、心と人生を潤します。
「ドキドキ感！」これは魂にとって地上に来たからこそ出会える貴重な体感です。

私たちはいずれ肉体を脱する存在。
肉体を手放しても魂レベルへ持ち帰ることのできるものだけが、
真の価値と完全性を保持しています。

きらめきのメロディー。

飛翔する歓び、
張り裂けんばかりの心。

流れ行く銀河の、
またとないグラデーションと完璧さ。

体感と体験のさざ波。

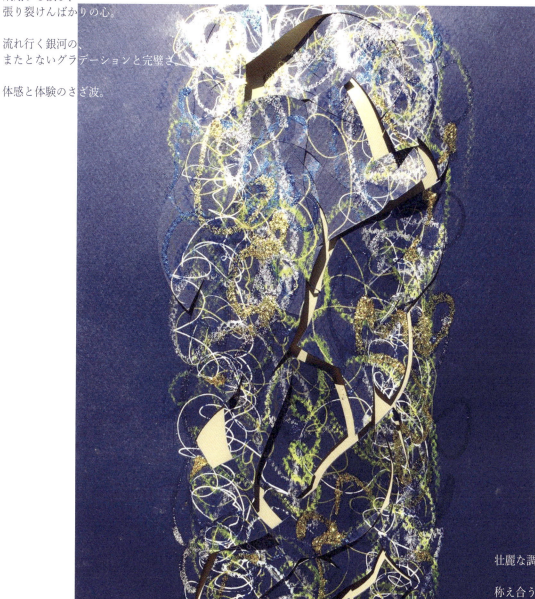

壮麗な調和の音色。

称え合うあう魂たち。
ハーモニーという賛美。

その色彩の芳醇さ。
その荘厳なる形状。

醸し出す調和の音色。

第9章（P26～27）

9章において、
少年はいよいよ皆から評価される段階にいたります。

生まれて初めて本気になって取り組んだこと。
それが世界でどのように受け入れられるか・・・？

少年の心臓はドキドキ高鳴り、
胃はムカムカと不安感を露わし、
頭はクラクラとめまいを起こします。
彼の肉体は湧き上がる感情を肉体と細胞レベルで実感します。

＊

この脈動感・・・これこそ魂が欲している地上生活の大きな目的の一つです。

既存の物質界的な価値観では、利益を上げることが目的とされています。
けれど魂レベルは違います。
たとえどのような体験であれ、感情と心が揺さぶられ、深く強く感じ、自分自身と世界を実感すること。

その貴重な体感感覚は、まさに魂の本旨なのです。

多くの人が「自分の魂の目的は何か？それがわかったら出発できるのに」と思っています。
けれども物質レベルのゴール概念と、魂レベルのゴール概念は違います。

物質レベルは目的地に達することがゴールです。
魂レベルは人生の途中で、どれだけ地上特有の貴重な脈動感を得られたのか？にあります。

物質界的価値観では、ゴールに到達できなければリタイアであり、失敗です。
けれども魂レベルの価値観は、どれだけ濃密な経験を創造できたのか？になります。

つまりゴールは「場所」という地点ではありません。
世界を新鮮に体感することができれば、
私たちは毎日祝福されたゴールテープを切っていることになるのです。

赤い心臓と
駆け抜けたい衝動。

鳥よりも鋭く貫いて行きたい。

焰のような堅い意志。
情熱を超えた情熱。

待っている、
期待している、
感激している。

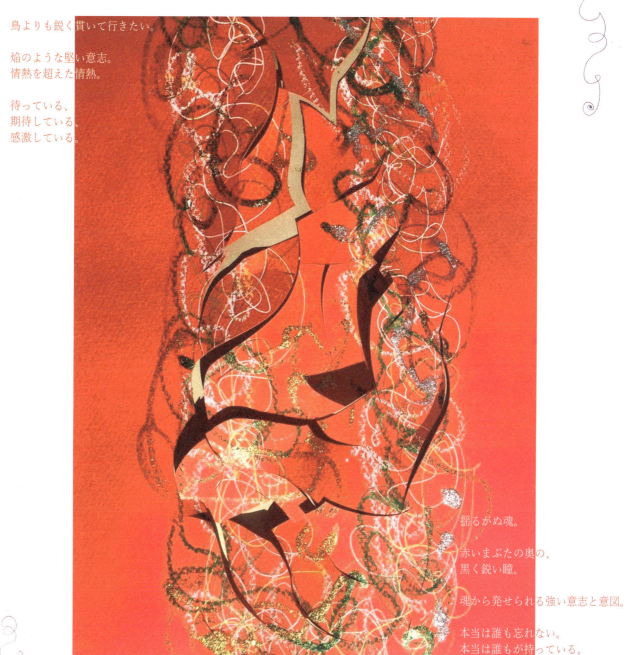

揺るがぬ魂。

赤いまぶたの奥の、
黒く鋭い瞳。

魂から発せられる強い意志と意図。

本当は誰も忘れない。
本当は誰もが持っている。
本当は誰もが謳っている。

真の価値を脈動したい命。

自らの真実。

第10章（P28〜29）

この章でとうとう少年は自分が生みだした作品が
一等賞になったことを知ります。

頭も体もフリーズして動けません。
少年の時間は止まったのです。
彼はその驚きの瞬間の中に立ち尽くしたのでした。

＊

私たちはふだん時間の流れの中で生活していると感じています。
それは物質界的には正しいことです。

けれども少年のような体感をした場合、その特別な瞬間は肉体と魂レベルに刻印されます。
衝撃経験は思いを巡らせば、すぐさまその時空に飛ぶことが可能です。

実際に特別な体感は永遠に息づいているのです。
物質界用語では「色褪せない思い出」と呼ばれるかもしれません。
けれど魂レベルでは「脈動している"今"」なのです。

＊

私たちは多くの「願掛け」をします。神社・天使・精霊・先祖・クリスタルなどなど・・・。
これは一見お願い事のように見えますが、真の意味は異次元に放つ「自らの表明」です。

表明とは「自分自身がそうなる」という宣言です。
合格祈願という名称は厳密には「自分は合格して進学するんだ」という宣言なのです。
「勉強はしないけど、どうにか合格させてください」これは意図と行動が一致していません。

3章で書いたように、異次元サポートは自らが行動することにより、
一歩先の援助をしてきます。さらにまた行動することにより、一歩先の援助が来ます。
これが物質界特有のアシスト自転車的なスタイルになります。

魂レベルは物語に登場するゆうれいたちのように、様々な手助けを準備しています。
けれども実際に行動して仕上げてゆくのは、地上にいる少年であり、私たち自身なのです。

私たちは知っている、
自分の素晴らしさを
内包していることを。

それはすでに存在していることを。

歓びは無意識に感じられる。

歓び以外の衝動で
目的が完璧に仕上がることが
あるだろうか？

歓喜と高らかな歌は
予想を絶する達成感をもたらす。

壮麗な全体像を眺めよう。

全美の構築を宣言しよう。

充実感と祝杯を上げるのだ。
提案と表明が効果している。

宇宙と細胞のフラクタルな関係性。

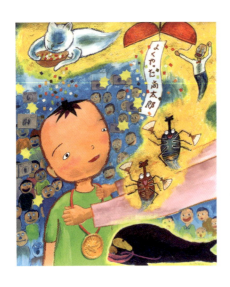

第11章（P30～31）

この章において少年は予期していなかった多大な祝福を浴びます。

自他共に「ぐうたら少年」だったぼくちゃん。
それなのに割れんばかりの拍手と歓声。
家族・先生・友達・近隣の人々、新聞社、
さらにはゆうれいたちからの喝采です。

舞台上で金メダルを授与され、
審査員長からの激励の言葉も受けました。
これらは少年に何をもたらしたのでしょうか？

彼はこの段階において、自分自身の既存イメージを解体したのです。
何をやってもダメな自分、惰性な自分というセルフイメージが解き放たれます。
もはや彼は何の為にナマズを創ることにしたのか、思考にはありません。
生まれて初めて祝福を受け取る "価値のある自分" を実感しているのです。

誇り高い自分！それを体験することがあろうとは！

そしてこの瞬間において、「この世はめんどくさいことばかり」という彼の意識が書き換えられます。
少年の世界に対するイメージが刷新されていくのです。

そもそも私たちのセルフイメージは多くの場合、親から影響を受けたり、過去経験に基づいたものから
形成されています。そして物質界的価値観を基準に、優劣が決められています。

つまり頭脳に蓄積された過去データと、理性によって判定された自分像です。

・・・でも、そのイメージと価値観は本当に真実を表しているでしょうか？
なにしろ私たちは異次元とのつながりを持ち、未知を具現化することが可能ですから。

頭脳はとことんデータ主義ですが、少年は一等賞を取ったことで新しいデータを入力し
「何をやってもだめな自分像」から解放されました。

私たちは日々小さな行動実践を続けることで、既存データを更新し、
セルフイメージと具現化力を進化させて行ける存在なのです。

さらに超えることを待っている宇宙。

創造主の望みはとても高い。

私たちは一旦全て手放す。

たとえそれが
破壊されたように見えたとしても
後戻りはしない。

解放された指揮。
解き放たれた主導権。

自由さとパッション。

さらなる独自の輝き、
発光する巨大な愛。

さらなる純粋性が発揮されるのだ。

すがすがしい時空への準備が進み、
私たちはそこで深呼吸する。

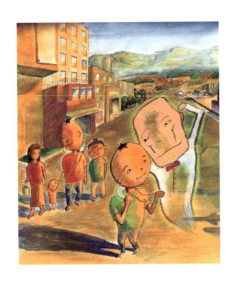

第12章（P32〜33）

帰り道になりました。少年にじいちゃんゆうれいが尋ねます。
「どうするかね？尚太郎。天国に帰るかね？」

ぼくちゃん少し考えた。
「もうちょっとここでがんばってみるよ」

これは何を意味しているのでしょうか？

少年は"一等賞を取ったら天国に連れ帰ってもらえる"というご褒美を返上し、自らこの地上世界で生き続けることを選択しました。

その短い返事には彼の勇気と決意が込められているのです。
彼にとって世界がたやすくなったわけではありません。自分に対する自分像が変わったのです。

少年の無意識の中には"世界に貢献したい"という想いが芽生えました。
自分には価値がある。それを捧げたい。その魂の隠されたニーズが、彼を物質界にとどまらせました。

ゆうれいたちは少年にそのことを気づかせる為、彼の生活時空に接近し、必要な協力を提供したのです。
少年の行動と魂世界からのサポート。それが今後の彼の人生を創ってゆきます。

当たり前のことですが物質界では「利益を得ること」これが行動の動機となっています。
けれど魂レベルではそれが逆です。つまり「他者に何かを与えたい」これが純粋な動機です。

私たちは自分自身が魂存在であることを意識する比率が高ければ高いほど、
他者への貢献が大きなパッションとして内部に沸き起こります。

もちろん頭脳には理解できませんが、押し留めることができないほど、強い衝動となって立ち上がります。
自分自身の独自個性を発現し、それを世界に捧げたい。

これは大げさでしょうか？いいえ、大げさではないのです。
少年は内的にそれを感じたからこそ、地上に残る選択をしました。

私たちの魂は自らの個性を「見返りがなくてもいいんだ。表現したい！」と望んでいます。
それがストレートパッションとなり、行動へと突き動かして来るのです。

私たちの協力は地上全てをくるんでゆく。

どんな形でも私たちは満足なのだ。
覚悟を決めて地上へ来ている。

誰もが物質時空の旅を歓び、
この世界の充実感を
もう一度経験したいと望んでいる。

惹きつけられてゆく三次元の魅力と
強い絆のコラボレーション。
私たちは讃えあうことで進化してきた。

内部のクリスタルを見つめて、
魂のきらめきを捧げようとする地上人。

パッションの発動と響き渡る歓び。

第 13 章（P34 〜 35）

物語の最後で、少年は家族と共に帰路につきます。
世界は美しい夕焼けに包まれていきました。

平穏と達成感が少年を優しく包みます。
すると妹が尋ねます。「あしたもいい天気？」
少年は答えました。「もちろんさ！」

この一見意味のなさそうな会話に何が含まれているのでしょう？
「あしたもいい天気？」という意味は「次の体験も素敵かしら？」
と言う意味と、「次の人生（未来世）も素敵かしら？」
という二つの意味が含まれています。

つまり時空を越えた部分を指し、そこでも魂の歓びを感じる体験ができるかしら？と、問うています。

そしてそれに対し少年は、「もちろんさ！」と答えます。これは今生における次の体験、そして未来の人生に
おける体験も「きっと素晴らしいものになるさ！」その示唆を含んでいるのです。

全てにおいて惰性的だった少年が、全てを肯定し、世界と宇宙、さらに自分自身は価値あるものだと宣言
した言葉なのです。物語は次の体験を予感させるところで終わるのでした。

私たちは地上人生を終えた時、肉体を手放し魂だけの存在となって、物質世界を去って行きます。

けれどその時、後悔するとしたら、いったい何だと思いますか？
もっと稼ぐべきだった？もっと有名になるべきだった？そのどちらでもありません。

ただシンプルに「自分の想う人生を、もっと大胆に生きれば良かった…」というものです。
地上を去る時、旅の最重要ミッションが何だったのか個々人が痛感します。

そして私たちは最後の瞬間に、巨大な愛と感謝で発光しますが、真の自分を生きた存在は特に強く閃光しま
す。魂は最後の輝きを地上に投じ、歓びと祝福を轟かせながら元いた異次元に意識を向け、地上を去ります。
これは一つの終わりですが、悲しいことではありません。
次の創造誕生へと、越えてつないで行くのです。

美しい夕焼けは、明日の晴れを予感させます。そんな祝福に包まれた夕暮れ時なのですね。

私たちは完璧さを超えた完璧さに満足した。

すると創造主はときめきの全てを
内側に閉じ込めることにした。

拡張は終わり、収縮するのだ。

いつか再び経験したいが、
同じ世界は創らない。

進化創造へのパッションがほとばしる。

旅の終わりと唯一存在への帰還。
歓びの吐息。

最後の潤んだ瞳。
宇宙の収束と終息。
祝福の合一を迎えよう。

深淵なる暗闇と静けさ。
切り替わる神の呼吸。

次の始まりまでの、至福に満ちた無。

おわりに

摩訶不思議、泉ウタマロワールドからおかえりなさいませ。
最後にこの作品が異次元から導かれた実話をお伝えして終わります。

＊

作品が由風出版により書籍化検討に入った折、編集の宮崎さんは、
高速バスの中でプリントアウトした原稿と挿画を見ていました。

彼の隣の席は空席でした。
ところが・・・姿のない人がそこに座った気配がします。
宮崎さんは〝感じやすい体質〟なのです。

どうやら年配の男性のようでした。
そして絵をしきりに覗き込みます。

宮崎さんは「来ちゃったな〜。誰かな？」と思いながら、原稿の続きを見ていました。
すると姿のない男性は物語2番目の挿画が特に気に入ったようで、しきりに指をさしてきます。
そして声のない声でこう言いました。

「失われた夢、サンキュー・サンキュー！」

やがて気配は消えて行きました・・・。

＊

その日の午後、宮崎さんとウタマロは打ち合わせ予定でした。
彼からその件を聞いた時、ウタマロにはそれが誰なのかすぐわかりました。

姿のない男性は、同年2月に地上を去り、魂世界へ還ったウタマロの父でした。
そしてまーぼナス君の父でもあります。
実は著者と画家は兄弟だからです。

そしてなぜ「失われた夢」なのか。
父は若い頃、画家になることが夢でした。
戦時中のえんぴつすらない時代に、炭を焼いてデッサンしていたくらいです。

彼は10代後半で終戦を迎えますが、父の父（ウタマロの祖父）は戦死し、
疎開していた一家は極貧の状況に陥ります。

弟3人がいた長男の父は美大への進学を断念し、家族のために市の職員として
定職に就きました。それはとても辛い選択だったようです。

その後生涯ずっとアマチュアとして絵を描き続けたものの、正式に「画家」と名乗ることはなく、
大きな個展などもありませんでした。

　＊

今回、お蔵入りになっていたこの作品が書籍化決定となったことは、
父のサポートもあったと感じています。
戦死した祖父も、絵と写真が好きで戦争が終わったら写真館をしようとしていた人ですから
祖父のサポートもあるのかもしれません。

まさに「ゆうれいたちがやってきた」なのです。

彼らの子であり孫である、ウタマロとまーぼナス君がコラボした創造物。
この作品を見ず知らずの多くの人に届けられることは、まさに「失われた夢」を叶えることなのでした。

「サンキュー・サンキュー！」は、著者・画家とその妻、そして版元：由凪出版の宮崎さんと谷さんに対する
感謝の意です。

２回続けて「サンキュー・サンキュー！」と素早く言うのは、父の口癖でしたから。

　＊

父は地上を去りましたが、彼が残した地上の命でこうして人々に貢献できることを喜び、
今もサポートエネルギーを降ろしてくれます。
ウタマロは父が地上にいた時よりも、彼の存在を感じているほどなのです。

　＊

皆様にとっても同じです。
誰にでも見えない暖かなエネルギーは降りています。
気づいても、気づかなくても、愛はいつでも届いていますよ。

感謝を込めて。

　　　　　　　　　　　　　　　　　　　　　　　　　　　　　　　　　　　泉　ウタマロ

プロフィール

泉ウタマロ（第一部：物語、第二部：文・作画）

物質界と異次元を繋ぐ作家・アーチスト / 東京在住・女性
文学・美術に関する教育はいっさい受けていない。

＊＊＊

医療系の仕事に就いていたが、1996年の寒い夜、「私は物語を書くのだ！」と脈絡のない何かに貫かれ、
それ以降、魂ニーズに翻弄される状態となる。

2004年　病気療養と引越しにて無職中の1ヶ月でストーリーを書く。
2005年　書いた作品が「魂の、もう半分の世界」として文庫になる。
2010年　上記作品が「人生逆戻りツアー」としてプレジデント社から単行本となる。
2011年　同作品が中国・韓国でも出版される。
2012年　SNSを通じ、ショートストーリーを発信し始める。
2013年　「瑠璃色の涙」出版。演奏家と物語のコラボ企画。
2014年　「月明かり物語」出版・「人生逆戻りツアー」サンマーク出版から文庫化。
　　　　個人オーダーの「パーソナルストーリー」を立ち上げたところ、応募多数。
　　　　収入基盤確立しないままで、作品執筆のためアルバイトも手放すことになる。
2015年　「蜜楽園クリニック」著者から読者へダイレクトに届ける方法で出版。
　　　　演奏家とコラボし、特殊オリジナル映像を作成・発信。
2016年　雑誌：アンアン・スペシャルで、ショートストーリー「奇跡のバラ」を発表。
　　　　太陽の紋章・銀河の音の独自読み解きをSNSで発表。

＊

物語の他に詩作、挿画、切り絵、朗読、紙芝居、映像作品は完成しだい即発信している。
それらのほとんどが無課金公開。

プライベートでは医療系正社員の立場を徐々に手放し、細々としたバイトとなり、
作家活動へエネルギーをシフトしたが、経済的苦難は長く続いた。

2015年2月、自宅の庭に宇宙船が現われ、ステーション X585 という存在から「宇宙循環システム」を地上で
告知・定着させるよう提案される。
その宇宙船とのコンタクトを時々刻々とブログに書き、読者から大きな反響を受け、実際にそれに則って物質
界生活を持ちこたえている。

＊

マヤンプロフィールー銀河の署名【赤い宇宙の蛇】KIN６５
太陽の紋章：赤い蛇　　　ウエイブスペル：赤い空歩く者　銀河の音：１３

＊＊＊

■ facebook　https://www.facebook.com/utamaro.izumi
■ ブログ　　http://ameblo.jp/izumiutamaro
■ ホームページは現在刷新予定。YouTube・ツイッターアカウント全て izumiutamaro

まーぼナス（第一部：絵）

画家・油絵講師 / 男性

武蔵野美術大学・大学院、油絵科卒
中学校美術教師として勤務。Ｕターンし、田舎暮らしを開始する。

美術博物館勤務。その後いくつかの就職を試みるも１週間でクビになるなど実らず。

現在油絵講師としてゆるゆる活動中。

ゆうれいたちがやってきた

発行日 2017年7月26日初版

作 / 泉 ウタマロ　　絵 / まーぼナス

発行人 / 谷 正風　　編集人 / 宮﨑 博　　編集アシスタント / 松本 麻里・我那覇 元生

印刷・製本 / 光文堂コミュニケーションズ株式会社
発行所 / 由風出版株式会社
〒901-1302 沖縄県島尻郡与那原町字上与那原39番地の1　Tel 090-9782-9945　　Fax 020-4666-3587
 Mail info@yukaze-publishing.com　http://www.yukaze-publishing.com
©2017 Utamaro Izumi & Ma-bonasu.All rights reserved,Printed in Japan　ISBN978-4-908552-15-1 C0739 ¥3500E

コピー、スキャン、デジタル化等の無断複製は著作権法上での例外を除き禁じられています。造本には万全を期していますが、万一落丁や乱丁がございましたら、送料弊社負担にてお取り替え致します。
大変お手数ですが、上記発行所までご連絡いただけますよう、宜しくお願い致します。